AF496119

RECITS
DES GRANDS JOURS
DE L'HISTOIRE
DIRECTEUR PAUL GAULOT
15 c.mes Le volume
L'ARRESTATION
DE LA
Famille Royale
à Varennes
PAR
M. de FONTANGES
Il paraît un volume chaque Semaine
HENRI GAUTIER éditeur 55 quai des Grands Augustins PARIS

Récits des Grands Jours de l'Histoire

Directeur : Paul GAULOT

CONDITIONS DE VENTE :

<table>
<tr><td>DANS NOS BUREAUX
ET CHEZ LES LIBRAIRES
Le volume : 15 centimes</td><td>Rendu franco par la poste
1 VOLUME 20 c. | 2 VOLUMES 35 c.
25 VOLUMES 4 FR.</td></tr>
</table>

Écrire à M. Henri GAULOT, éditeur, 55, *quai des Grands-Augustins*
PARIS

Il paraît un volume par semaine.

Chaque volume se compose de 28 grandes pages, de format in-12 jésus, sous couverture en couleurs, simili-aquarelle. Imprimés sur beau papier vélin vergé, en caractères elzéviriens, ces volumes sont ornés de frontispices, culs-de-lampe, cabochons, *gravures hors-texte*, reproduisant les œuvres les plus célèbres des grands peintres.

VOLUMES EN VENTE

L'Arrestation de la Famille royale
à Varennes (1)

par M. de FONTANGES

M. de Damas, posté à Clermont, avait reçu l'ordre de M. de Bouillé de faire monter sa troupe à cheval une heure après le passage des voitures, et de se rendre par Varennes à Montmédy. Il avait su par un valet de chambre de la Reine, nommé Léonard, que M. de Choiseul avait amené avec lui, et qu'il avait fait repartir à quatre heures et demie de *Pont-de-Sommevelle* pour se rendre à *Stenay*, le retard considérable dans l'arrivée de la voiture et l'inquiétude que la non-arrivée du premier courrier occasionnait. Il voyait approcher l'heure de la retraite, qui ne permettait plus de tenir les chevaux sellés, surtout dans un temps de révolution où tout donne lieu à une émeute dans une ville naturellement mauvaise, qui murmurait des dispositions qu'elle voyait faire dans ses murs. M. de Damas, livré à toutes ces idées, se promenait sur la place, lorsqu'il vit arriver la voiture. Il s'en approcha, causa un instant avec

An 1791
21 juin

(1) On a lu, dans le précédent numéro, le récit des préparatifs de la fuite du Roi ainsi que le récit de cette fuite jusqu'à Sainte-Menehould. C'est alors que le péril commence pour les fugitifs, qui ont été reconnus par Drouet. Celui-ci prend les devants, bien décidé à les faire arrêter. On verra comment une série de hasards malheureux pour les fugitifs fit réussir son dessein.

[1]

Leurs Majestés, et le Roi lui ordonna, en peu de mots, de faire ce qu'il pourrait pour le suivre avec ses dragons, et de laisser partir sans rien dire.

Lorsque la voiture eut relayé, ce qui fut très promptement fait, M. de Damas alla donner l'ordre à ses cavaliers de monter à cheval pour se mettre en bataille sur la place, et se rendre de là à Mouzon. L'ordre fut exécuté assez vite ; mais, quoique la voiture du roi fût déjà loin, et que, par conséquent, ce mouvement ne parût pas avoir rapport à elle, le peuple, qui était en assez grand nombre sur la place, sembla s'opposer au départ. M. de Damas donna ordre à ses cavaliers de mettre le sabre à la main, et de partir : au lieu d'obéir, ils firent presque tous un mouvement comme pour l'enfoncer davantage dans le fourreau, et restèrent à leur place. En ce moment, les officiers municipaux parurent, et requirent en forme M. de Damas de renvoyer ses cavaliers dans leurs casernes, et de différer leur départ jusqu'au lendemain matin. M. de Damas, voyant qu'il ne pouvait plus rien, abandonna sa troupe en criant : « Qui m'aime me suive ! » et prit la route pour tâcher d'atteindre la voiture. Il ne fut suivi que de deux ou trois personnes.

Il y a lieu de croire que ce qui se passa à Clermont, après le départ du Roi, fut moins l'effet des circonstances que celui de l'arrivée de Drouet, qui suivit de près le départ de la voiture. Il y a apparence qu'il fit part de sa découverte à la municipalité, et qu'il vint à bout d'empêcher par là la troupe de M. de Damas de partir pour suivre le Roi. Il paraît, en effet, qu'il arriva à Clermont au moment où Sa Majesté en partit, ou peu de temps après. Il prit un cheval frais pour courir après la voiture du Roi et le prévenir à Verdun, où il croyait qu'il allait. Il fut observé par un maréchal de logis de Royal-dragons, homme de confiance, qui monta à cheval à Sainte-Menehould, lorsque l'émeute y éclata. Ce brave homme pénétra le dessein du perfide Drouet. Résolu de faire tous ses efforts pour l'empêcher, il s'échappa adroitement de la surveillance de ses camarades et du peuple, et se mit à le suivre. Le désir de ménager son cheval, qu'il croyait avoir une longue course à fournir, le fit d'abord aller trop lentement ; ensuite Drouet s'étant jeté dans les bois, à gauche de la grande route, il perdit ses traces et ne put l'atteindre.

A une certaine distance de Clermont, où le chemin se sépare en deux, dont l'un mène à Verdun et l'autre à Varennes, le Roi donna l'ordre de prendre le second ; il l'avait passé depuis assez longtemps, lorsque Drouet arriva au même endroit. Celui-ci, ne doutant pas que le Roi allât à Verdun, prit, sans balancer, la route qui y mène. Vraisemblablement il ne se serait pas aperçu assez à temps de son erreur, si le hasard ne lui avait fait rencontrer un postillon qui revenait de conduire un courrier à Verdun. Il lui demanda s'il n'avait pas trouvé une berline à six chevaux allant à Verdun, et si elle était encore bien éloignée. Sur la réponse du postillon qu'il n'avait rien vu, il ne douta plus qu'elle n'eût pris la route de Varennes, et que c'était là où il fallait tâcher d'arriver avant elle ; au lieu de revenir sur ses pas, il prit un chemin de traverse qui menait à Varennes assez directement, et fit tant de diligence qu'il y arriva avant le Roi.

J'ai dit plus haut que le Roi devait trouver dans cette ville un relais et une escorte de soixante hussards. Le relais était arrivé le 21 ; il appartenait à M. de Choiseul, et devait être placé par M. de Goguelat. Les hussards n'y étaient arrivés que dans la soirée du 20, sous le prétexte du convoi qu'ils devaient escorter. La municipalité, qui avait déjà conçu des soupçons à l'arrivée et au séjour du relais, en prit encore de plus grands en voyant entrer le détachement. Les hussards furent casernés par elle à l'ancien couvent des Cordeliers, situé en deçà du pont ; et le commandant, M. de Rodwell, jeune homme de dix-huit ans, fut logé chez un bourgeois, du même côté de la ville. Le relais qui devait être placé dans une espèce de ferme, à l'entrée de Varennes du côté de Clermont, s'arrêta dans une auberge de l'autre côté du pont, c'est-à-dire à l'extrémité contraire à celle où le Roi devait le trouver.

M. de Bouillé, dès le 21 au matin, envoya son second fils, le chevalier de Bouillé, et M. de Raigecourt, dont les uniformes ressemblaient à celui de Lauzun, avec l'instruction de faire placer le relais tout disposé pour l'arrivée du Roi, et de venir l'avertir de tous les événements.

La fermentation qui régnait dans Varennes leur fit penser qu'il serait prudent de ne faire aucun mouvement, jusqu'au signal qui devait leur être donné assez à l'avance par M. de Goguelat ou par un courrier. Ils se bornèrent à dire à M. de Rodwell, qu'ils ne crurent pas devoir instruire de la vérité, de faire tenir ses gens prêts à partir au premier ordre : il paraît que celui-ci négligea entièrement cet avis, ignorant de quelles grandes destinées il était en ce moment le dépositaire.

Le Roi arriva vers onze heures du soir. La maison où devait être le relais lui était si bien désignée, qu'il la connut aisément, et y frappa pour demander ses chevaux : on ne put lui en donner aucune nouvelle. Ne voyant personne qui pût l'instruire, il entra dans la ville haute, et mit pied à terre avec la Reine. Celle-ci frappa à plusieurs portes, sous le prétexte de demander des nouvelles de son relais, mais en effet pour voir si le hasard ne lui ferait pas rencontrer quelques-unes des personnes qui devaient l'attendre à Varennes. Toutes ses recherches furent vaines, personne de ceux qui étaient employés dans cette petite ville n'ayant songé à faire tenir quelqu'un du côté où le Roi devait arriver, afin de l'instruire. Leurs Majestés, après s'être promenées quelque temps dans la ville haute, proposèrent aux postillons de passer outre. Ils s'en défendirent, par la raison que leurs chevaux étaient excédés, et qu'ils ne pouvaient aller plus loin sans se reposer et manger. Après cette contestation, qui dura assez longtemps, le Roi obtint qu'ils le conduiraient de l'autre côté du pont. Il remonta en voiture avec la Reine.

Cependant Drouet, qui était à Varennes un peu avant la voiture, n'avait pas perdu un moment pour mettre des obstacles à leur passage. Son premier soin avait été d'instruire le procureur de la commune, nommé Sausse, et de le déterminer à faire arrêter le Roi. Il n'eut pas de peine à le lui persuader : ce Sausse était une espèce de fanatique de révolution, mais qui ne manquait pas d'adresse. Il expédia sur-le-champ des ordres pour rassembler la garde nationale de Varennes. et faire entourer le couvent des Cordeliers, où étaient les soixante hussards. Il envoya en même temps des émissaires avertir dans les bourgs et villages des environs, pour faire arriver à Varennes les gardes nationales de ces endroits, et dépêcha des courriers à Verdun et à Sedan pour le même objet.

Pendant ce temps-là, Drouet, aidé de deux ou trois hommes déterminés, dont l'un se nommait Billaud, le même qui ait été si connu depuis ses fureurs dans la Convention, renversait de grosses voitures pour barrer le pont, et mettre ainsi un obstacle invincible au passage du Roi, s'il le tentait par la force. Cela fait, lui et ses camarades, bien armés, allèrent se placer en embuscade sous une voûte par laquelle il fallait nécessairement passer avant d'arriver au pont, et dans le lieu le plus propre à arrêter la voiture. Toutes ces dispositions furent faites dans un si

ARRESTATION DE LA FAMILLE ROYALE A VARENNES

Dessin de Prieur, gravé par Berthault

grand silence, que ni les hussards, ni leurs officiers, ni les personnes envoyées par M. de Bouillé, ne s'aperçurent de rien.

Lorsque la voiture fut engagée sous la voûte, elle fut arrêtée par Drouet et ses gens, sous prétexte de faire viser les passeports des voyageurs par la municipalité de Varennes, et d'y faire reconnaître leurs personnes.

Drouet ne laissa pas échapper un mot qui pût faire croire que c'était le Roi : deux fusils armés se croisaient dans la voiture par chacune des portières. Drouet enjoignit assez brutalement aux voyageurs de venir chez le procureur de la commune, dont la maison était tout proche. On dit même qu'il porta la main sur le Roi. Sa Majesté crut que toute résistance serait inutile; et, espérant encore qu'il n'était ou qu'il ne serait pas reconnu, ou que du moins il pourrait être arraché par la force au danger que couraient lui et sa famille, il consentit à suivre Drouet. Sausse eut l'air de les prendre pour de simples voyageurs : il leur demanda leurs passe-ports, et parut les trouver en règle. Il leur dit ensuite que leurs chevaux ne pouvaient aller plus loin sans se rafraîchir; mais, comme cela serait un peu long, il les priait de se reposer dans sa maison, où ils seraient mieux que dans leur voiture. Il n'y avait pas moyen de reculer. Toute la famille fut reçue dans une salle basse, de la porte de laquelle on pouvait voir tout ce qui se passait dans la rue : ce fut là que se plaça la Reine; elle ne tarda pas à s'apercevoir que de moment en moment la foule s'augmentait en dehors, et que la maison était investie. Elle ne put plus douter alors qu'ils ne fussent reconnus et arrêtés.

Cependant la politesse et la dissimulation de M. Sausse, cachées sous le masque de la bonhomie, se soutenaient toujours : il quittait de temps en temps ses hôtes, sous le prétexte de faire hâter les chevaux, ou de voir s'ils étaient prêts; mais, en effet, pour donner les ordres nécessaires dans les circonstances. Lorsqu'il se trouva assez de monde réuni pour garder la maison où était le Roi et les casernes où étaient les dragons, des barricades furent faites dans les rues; le tocsin fut sonné dans Varennes, et répandu dans les paroisses voisines. A ce signal, les gardes nationales arrivèrent de tous côtés, et l'activité fut telle qu'en moins de deux heures il y en avait déjà plusieurs milliers réunis dans Varennes.

Ce fut le bruit du tocsin, et le tumulte qu'il occasionna,

[5]

 qui donnèrent à M. de Raigecourt et au chevalier de Bouillé la nouvelle du malheur qui était arrivé. Voyant qu'ils allaient être arrêtés, ils montèrent à cheval, percèrent à travers quelques gens armés, sortirent de Varennes au milieu de quelques coups de fusil, et prirent le chemin de Stenay, pour aller instruire M. de Bouillé : ils furent joints quelque temps après par M. de Rodwell, commandant des hussards, et arrivèrent chez M. de Bouillé à quatre heures passées, c'est-à-dire près de cinq heures après l'arrestation du Roi.

Il paraît que le jeune commandant des hussards était tranquillement chez lui à l'arrivée du Roi, et qu'il y fut gardé d'une manière à ne pouvoir communiquer avec ses gens, qui, comme je l'ai dit, étaient casernés aux Cordeliers. L'arrivée de MM. de Choiseul, de Goguelat et de Boudet fut l'occasion qui lui rendit la liberté. Il y avait déjà une heure que le Roi était arrêté, lorsque ces messieurs parurent aux portes de Varennes avec le détachement de quarante hussards qu'ils ramenaient de Pont-de-Sommevelle. Ils trouvèrent quelques pièces de canon, et une foule de gardes nationales qui voulurent leur disputer l'entrée.

Ils demandèrent à être reconnus par les hussards qui étaient dans la ville, et dont ils faisaient partie. On alla chercher le commandant, qui, en effet, les reconnut comme étant de sa troupe.

M. de Boudet donna l'ordre à M. de Rodwell de tenter tout ce qui serait en son pouvoir pour la sûreté et la défense du Roi et de sa famille; mais ce jeune homme, soit qu'il eût perdu la tête, soit qu'il vît l'impossibilité de rien faire, n'eut rien de plus pressé que de sortir de Varennes, sous prétexte d'aller avertir M. de Bouillé, sans donner aucun ordre à sa troupe, et en laissant le commandement à un maréchal-des-logis connu pour sa démocratie.

Cependant le détachement de Pont-de-Sommevelle parvint à la maison où était le Roi, devant laquelle il se forma en bataille. Elle était investie d'une garde nationale nombreuse. M. de Choiseul, M. de Goguelat et M. de Damas entrèrent dans la maison pour prendre les ordres du Roi, et M. de Goguelat ressortit bientôt après, et dit aux hussards et au peuple « que c'était le Roi et la Reine qui étaient arrêtés ». Ces paroles produisirent peu d'effet sur les premiers. Le peuple n'y répondit que par des cris de fureur. M. de Goguelat ordonna néanmoins aux hussards de mettre le sabre à la main, et leur demanda s'ils étaient pour le

Roi ou pour la Nation : ils répondirent : « Vive la Nation ! nous tenons et nous tiendrons toujours pour elle. » Cette réponse, qui ne laissait plus à M. de Goguelat l'espoir d'employer la force, le détermina à feindre d'entrer dans les mêmes sentiments, et dans les dispositions qu'on ferait contre les secours qui étaient annoncés, afin de donner au Roi le temps de les recevoir. Les patriotes ne furent pas les dupes de cette feinte ; ils voulurent l'arrêter ; il échappa de leurs mains, fut blessé d'un coup de pistolet, rentra dans la maison de Sausse, et, après le départ du Roi, il gagna, déguisé, Mézières, où il fut arrêté, et d'où il fut ensuite conduit à Orléans.

M. de Boudet fut plus heureux ; il se sauva, et joignit M. de Bouillé. Quant à M. de Choiseul, il resta dans la maison de Sausse, déterminé à suivre le sort du Roi.

Lorsque Sausse fut assuré que les gardes nationales étaient assez nombreuses pour ne plus laisser échapper leur proie, il leva le masque, et dit tout haut au Roi qu'il le connaissait pour ce qu'il était. Il lui fit des reproches très amers sur sa fuite, contre sa parole d'honneur, pour aller, dit-il, dans les pays étrangers, et pour faire la guerre au peuple. Il lui déclara ensuite qu'il l'arrêtait au nom de la Nation, et qu'il allait le faire reconduire à Paris sous bonne garde.

Le Roi chercha d'abord à se défendre d'être le Roi, ce qui entraîna une altercation dans laquelle Sausse et ceux qui étaient avec lui s'éloignèrent de plus en plus des bornes du respect. La Reine se rapprocha alors, et fit cesser en disant d'une voix ferme : « Si vous le connaissez pour votre Roi, parlez-lui donc avec le respect que vous lui devez. »

Le Roi, voyant que la feinte était désormais inutile, reprit alors le caractère de dignité, de franchise, et même de bonhomie qui lui convenait. La chambre était pleine de monde : il fit faire silence, et, s'adressant à tout ce qui était là, il leur exposa le but et les motifs de son voyage, ses projets, ses bonnes intentions, son ardent désir de connaître le véritable vœu de ses peuples, que la captivité où on le tenait à Paris empêchait de parvenir jusqu'à lui ; sa ferme résolution de tout faire pour leur bonheur, quelques sacrifices qu'il en coûtât des droits de sa naissance, de son autorité et de ses intérêts particuliers. Il finit en proposant de se remettre volontairement entre les mains de la garde nationale réunie à Varennes, d'être conduit par elle à Montmédy, ou à telle autre ville qu'elle choisirait, pourvu que ce ne fût pas à Paris, afin d'avoir la faculté d'examiner mûrement la constitution, de s'assurer du véritable vœu de ses peuples, et de concourir librement à tout ce qui pourrait faire leur bonheur (1). Le Roi mit, dans ce petit discours, de la majesté, de la bonté, de la simplicité, et même une chaleur et une éloquence fort au-dessus de ce qu'on aurait pu attendre de lui; il fit la plus grande impression sur ceux qui l'entendirent, et Sausse lui-même en parut tellement frappé et attendri qu'il dit à demi voix « que rien n'était plus raisonnable que ce qu'il proposait; mais qu'il était trop tard, et qu'il y allait de sa tête si le Roi ne reprenait pas la route de Paris. » Il n'était plus, en effet, le maître dans ce moment-là. Drouet et Billaud, et cette foule de gardes nationales qui remplissaient Varennes, n'auraient certainement pas souffert que leur proie leur échappât; ces âmes-là étaient peu faites pour se laisser toucher par les discours du Roi, quand même elles auraient été à portée de l'entendre.

En s'assurant du Roi et de sa famille, on ne manqua pas d'arrêter en même temps les trois gardes du corps qui les avaient accompagnés. MM. de Damas et de Choiseul, qui ne s'étaient plus séparés du Roi après l'avoir rejoint, furent arrêtés aussitôt que Leurs Majestés furent parties; et, après avoir éprouvé les plus grands dangers, ils furent conduits dans les prisons de Verdun, d'où, un mois après, l'Assemblée nationale envoya M. de Choiseul à la Haute-Cour nationale d'Orléans, et M. de Damas en arrestation à la prison de la Mairie, à Paris.

Il restait encore l'espérance d'être secouru par M. de Bouillé. Le Roi et la Reine se flattaient de le voir arriver à tous les moments. Drouet et Sausse le craignaient, et prenaient toutes les précautions qui dépendaient d'eux. Ils avaient fait des dispositions militaires assez bien entendues, qui sans doute leur avaient été suggérées par un M. de Sigemont, chevalier de Saint-Louis, commandant de la garde nationale. Des postes avancés avaient été placés

---

(1) « Oui, je suis votre Roi, dit-il. Placé dans la capitale au milieu des poignards et des baïonnettes, je viens chercher en province et au milieu de nos fidèles sujets la liberté et la paix dont vous jouissez tous. Je ne puis plus rester à Paris sans y mourir, ma famille et moi. » Et il embrassa tous ceux qui se trouvaient présents à cette scène émouvante. La Reine, brisée par la fatigue et remplie d'émoi à la pensée du danger que couraient les siens, tenta un suprême effort. Elle s'adressa à Mme Sausse, implora sa pitié, la suppliant d'obtenir que son mari les laissât partir. — « Sauvez le Roi! lui dit-elle. » — « Bon Dieu, Madame, répondit l'épicière, ils feraient périr M. Sausse. J'aime bien mon Roi ; mais, dame, écoutez, j'aime bien mon mari. Il est responsable, voyez-vous. »

hors de Varennes; le pont et les rues adjacentes étaient fermés de barricades; il y avait même quelques mauvais canons. Une troupe nombreuse de gardes nationales avait été placée de ce côté-là; mais la principale de toutes les précautions était d'accélérer le départ du Roi pour Paris. De proche en proche, tous les tocsins des environs assemblaient les milices nationales, qui recevaient ensuite l'ordre d'aller à Varennes en toute hâte. Dès qu'il y eut de quoi fournir une forte escorte, indépendamment de ce qui devait fermer l'entrée de Varennes à M. de Bouillé, on établit une double file, depuis la maison de Sausse jusque sur l'avenue de Paris. Ce fut alors seulement que l'aide de camp Romeuf arriva à Varennes sur les six heures du matin, par conséquent sept heures après l'arrestation du Roi. Il entra dans la ville à travers la double haie des gardes nationales, qui se prolongeait sur les deux côtés de la route, et s'étendait à chaque minute par l'arrivée de nouveaux renforts. Il trouva à la porte de Sausse la voiture du Roi, qu'on attelait de six chevaux, tournée vers l'avenue de Paris, et environnée de l'escorte qui allait reconduire le monarque prisonnier. Entré dans la maison, il remit avec honte et douleur le décret de l'Assemblée nationale entre les mains de Sausse qui l'avait prévenu, et il se flatta d'éviter les regards de la Reine. Mme Élisabeth l'aperçut; la Reine l'appela, lui demanda comment il avait pu se charger d'une pareille commission, et imputa tous ses malheurs à M. de La Fayette.

Epris de bonne foi des chimères constitutionnelles de son général, enthousiaste de lui et comme lui, le jeune Romeuf avait cependant conservé la candeur de son âge et la pureté d'un heureux naturel. Il répondit à la Reine qu'il n'avait jamais cru l'atteindre, et que ç'avait été le premier mot que lui avait adressé M. de La Fayette, en lui donnant l'ordre d'aller à la découverte; mais que, dans tous les cas, ils avaient pensé l'un et l'autre qu'il serait moins douloureux pour la Reine de voir auprès d'elle un homme sur le respect de qui elle devait compter. Il chercha ensuite à justifier son général, observant que, loin d'avoir été l'auteur de la catastrophe actuelle, M. de La Fayette avait été au moment de s'en trouver la victime; que la fureur populaire l'avait rendu responsable de l'évasion du Roi; et que sur la place de Grève on avait descendu la lanterne fatale pour l'y attacher. Il parla des dangers auxquels la Reine s'exposait en donnant sa confiance aux ennemis de M. de La Fayette, lequel, sans doute passionné pour la liberté nationale, n'était cependant rien moins que l'ennemi du Roi et de sa famille. « Il l'est ! » dit la Reine. « Il n'a en tête que ses « Etats-Unis et la république américaine. Il verra ce que « c'est qu'une république française ! Eh bien ! monsieur, « poursuivit-elle, montrez-le-moi donc ce décret dont vous « êtes porteur. » Romeuf en remit une copie. « Les inso- « lents ! » dit la Reine en le lisant ; et elle le rejeta sans avoir été jusqu'à la fin. Le papier tomba sur le lit où dor-- maient le Dauphin et sa sœur. La Reine le reprit avec vivacité, et le jeta par terre en disant : « Il souillerait le lit « de mes enfants. » Romeuf lui dit à demi voix, avec des larmes qui roulaient dans ses yeux : « La Reine aimerait- « elle mieux qu'un autre que moi fût témoin de tous ces « mouvements ? » La Reine fut frappée : « Au moins, mon- « sieur, je vous recommande MM. de Damas, de Choiseul « et de Goguelat, quand nous serons partis. » Romeuf, en effet, sauva leurs vies en exposant la sienne.

Cependant M. de Bouillé, qui avait passé la nuit auprès de Dun, était dans les plus mortelles inquiétudes de ne point voir arriver de courrier et de ne rien appren- dre sur le sort du Roi : craignant quelque malheur, il se porta, à la pointe du jour, du côté de Stenay, centre de ses quartiers, pour donner, à tout événement, des ordres qui pussent promptement remédier au mal s'il y en avait, et s'il était encore temps. A quatre heures passées, il vit arriver à lui, à toute bride, son fils, M. de Raigecourt, et, ce qui le surprit le plus, le commandant des hussards de Varennes, qui lui annoncèrent la catastrophe qui était arrivée. Sans perdre un moment, il donna sur-le-champ l'ordre à Royal-Allemand de le joindre, et à M. Klinglin de marcher sur Stenay avec deux escadrons pour contenir la ville, et d'envoyer un bataillon de Nassau à Dun pour garder le passage de la Meuse ; au régiment de Castella, de se porter à tire d'aile sur Montmédy ; et aux détachements de Mouzon et de Dun, d'avancer sur Varennes et d'attaquer en y arrivant. Les dispositions faites, il attendit Royal- Allemand, qui, malgré l'ordre qu'il lui avait donné d'être prêt à monter à cheval à la pointe du jour, ne le joignit qu'au bout d'une heure. M. de Bouillé lui dit, en peu de mots, « que le Roi était à Varennes ; qu'il comptait sur ce « brave régiment pour arracher le Roi des mains des « patriotes. » Le cri unanime de *vive le Roi!* fut la réponse de ces braves gens. Le général augmenta encore ces bonnes dispositions en leur distribuant trois ou quatre cents louis qu'il avait sur lui.

M. Deslon, qui commandait les cent hussards de Dun, n'avait pas attendu les ordres de M. de Bouillé pour remplir ses intentions. Il apprit l'arrestation du Roi à Varennes, par les officiers qui en allaient porter la nouvelle au général : il partit sur-le-champ pour tenter de le délivrer, laissant seulement vingt-quatre hommes et un officier pour garder le passage de la Meuse à Dun. Il fit une telle diligence, que dans une heure et demie il fit, avec les hussards, un trajet de cinq lieues, de Dun à Varennes : à cinq heures, il était devant cette dernière ville. Son projet était d'attaquer sur-le-champ. La vue des barrières le força d'y renoncer : le poste avancé de la garde nationale offrit de le conduire à la municipalité ; il s'y refusa et demanda à entrer dans la ville pour rejoindre les hussards qui y étaient : on lui dit que le Roi le lui défendait. Certain alors que le Roi était encore dans la ville, il demanda à lui aller rendre ses hommages. M. de Sigemont, qui commandait la garde nationale, y consentit, mais pour sa personne seulement : il lui engagea sa parole qu'il serait en sûreté ; qu'il pourrait parler seul au Roi, et lui donna même un otage. Le but de M. Deslon était de faire connaître au Roi les secours qui allaient arriver, de reconnaître les barricades en dedans, et de savoir s'il pourrait être secondé par les hussards qui étaient dans cette ville. Il désespéra de tout secours de ce côté-là, et, par conséquent, de pénétrer de force dans Varennes, lorsque, arrivé près de la maison du Roi, il vit près de trente hussards à cheval : c'étaient ceux qu'avaient amenés MM. de Choiseul, de Goguelat et de Boudet.

Cependant M. de Sigemont l'introduisit près du Roi, et lui permit même, après quelques difficultés, de lui parler sans témoins. M. Deslon expliqua en peu de mots à Sa Majesté l'obstacle que les barricades mettaient à son zèle, mais lui annonça l'arrivée prochaine de M. de Bouillé avec Royal-Allemand, que cet obstacle ne pouvait arrêter. Il répéta cela trois fois ; mais tel était l'accablement de ce malheureux prince, que M. Deslon a cru qu'il ne l'avait pas entendu : il lui demanda enfin ce que Sa Majesté lui ordonnait de dire à M. de Bouillé : « Vous pouvez lui dire, reprit « le Roi, que je suis prisonnier, que je crains bien qu'il ne « puisse rien faire pour moi ; mais que je lui demande de « faire ce qu'il pourra ». M. Deslon parla aussi à la Reine ;

mais comme elle était près de M. de Sigemont, il lui adressa la parole en allemand. Cette princesse se plaignit avec amertume des duretés qu'elle éprouvait, et lui dit « qu'on « ne voulait pas même la mener à Verdun pour s'y « reposer. » Le Roi fit cesser promptement cet entretien, qui sans doute paraissait suspect. M. Deslon prit congé, et demanda tout haut les ordres du Roi. « Je suis prisonnier, « répondit le monarque ; je n'en ai plus à donner. »

M. Deslon ayant rejoint son détachement sans être inquiété, voulut encore faire une tentative ; il envoya ordre aux hussards qui étaient dans Varennes, et qui étaient restés fidèles, d'attaquer en dedans tandis qu'il attaquerait en dehors. Un brigadier se chargea de cet ordre ; mais il ne put parvenir jusqu'à M. de Boudet, qui était enfermé et bloqué aux Cordeliers avec ceux des hussards qui n'avaient pas manqué.

M. Deslon fut donc obligé de rester dans l'inaction, et d'attendre l'arrivée de M. de Bouillé. Vers les huit heures, il s'aperçut que le Roi et la famille royale sortaient de Varennes avec une grosse escorte, pour reprendre la route de Paris. En ce moment, M. Deslon venait d'être joint par M. le comte Louis de Bouillé. Ils crurent pouvoir trouver là une occasion favorable de délivrer le Roi. Il fallait pour cela passer la rivière à gué ; ils traversèrent avec les hussards un premier bras ; mais un canal profond et impossible à franchir ne leur permit pas d'aller plus loin. Désespérés de l'inutilité de leurs efforts, ils se déterminèrent à aller au-devant du marquis de Bouillé. Ils le rencontrèrent très près de là, à la tête du détachement de Mouzon, qu'il avait trouvé arrêté dans un bois par quelques gardes nationales qui le fusillaient. Après avoir dispersé les patriotes, il marcha en avant avec le détachement, suivi à peu de distance par Royal-Allemand, que conduisait M. d'Hoffelize. Il faisait déjà ses dispositions pour attaquer Varennes, lorsque M. Deslon lui apprit que le Roi était parti depuis une heure et demie.

M. de Bouillé alla rejoindre sur-le-champ Royal-Allemand et M. d'Hoffelize ; il proposa de suivre toujours sa route, et de tenter un dernier effort. Le régiment, quoique harassé par un trajet de neuf lieues fait en quatre heures et demie, montra les meilleures dispositions, et offrit de mettre pied à terre pour enlever les barricades de Varennes ; mais on représenta au général qu'outre les barricades le pont se trouvait rompu en quelques endroits ; que personne ne connaissait de gué; qu'il était tout au plus possible de faire quatre lieues avec les chevaux, harassés d'une course de neuf lieues qu'ils venaient de faire; que ces quatre lieues ne suffisaient pas pour atteindre le Roi, qui avait une heure et demie d'avance; qu'enfin on allait être coupé par la garnison de Verdun, qui marchait avec du canon.

Elle arriva en effet à Varennes une demi-heure après que M. de Bouillé en fut parti. Telles furent les raisons invincibles qui déterminèrent le marquis de Bouillé à renoncer à tout projet de tentative pour sauver le Roi. Elles n'auraient, en effet, abouti à autre chose qu'à verser le sang inutilement, et à mettre la famille royale dans un péril imminent d'être massacrée. Il est évident, pour quiconque a connu ce général, qu'étant un des hommes les plus hardis, les plus entreprenants et les plus courageux de son siècle, il n'a pu renoncer à la gloire d'être le libérateur de son Roi que parce que l'impossibilité lui en était démontrée.

La retraite du marquis de Bouillé ne laissait plus d'obstacles à craindre pour le retour du Roi à Paris. On l'avait fait partir de Varennes, ainsi que je l'ai déjà dit plus haut, vers les huit heures du matin, dans la même voiture qui l'avait amené. Les trois gardes du corps étaient attachés et liés sur le siège(1). MM. de Choiseul et de Damas, restés en prison à Varennes, furent conduits le lendemain dans les prisons de Verdun, après avoir été dans le plus imminent péril de leur vie, et après avoir dû leur salut à M. de Romeuf, qui fut pendant quelques heures emprisonné avec eux.

La voiture du Roi était escortée par trente des gardes nationales qui avaient été rassemblées à Varennes. Celles des villes et villages par lesquels on passait, ou qui étaient à portée de la grande route, augmentaient le cortège, et remplaçaient les corps qui retournaient chez eux. On estime à huit ou dix mille hommes l'escorte qui fit constamment ce long et pénible voyage jusqu'à Paris. Presque toute cette nombreuse milice était à pied; aussi la voiture ne pouvait aller qu'au petit pas des chevaux.

Le voyage jusqu'à Paris fut de huit jours(2). Pour concevoir

---

(1) Ce détail est inexact. Les trois gardes du corps avaient repris position sur le siège, mais ils n'étaient ni attachés ni liés.

(2) Le *Journal* de Louis XVI (dont l'original se trouve aux Archives Nationales) contient à ce sujet les mentions suivantes :

« *Mardi 21 : Départ à minuit de Paris. Arrivé et arrêté à Varennes, en Argonne, à onze heures du soir.*

« *Mercredi 22 : Départ de Varennes à cinq ou six heures du matin. Déjeuner à Sainte-Menehould. Arrivé à dix heures à Châlons, y soupé et couché à l'ancienne Intendance.*

« *Jeudi 23 : A onze heures et demie, on a interrompu la messe pour presser* combien il dut être pénible pour le Roi et sa famille, il faut se peindre les circonstances où ils étaient, leurs inquiétudes pour l'avenir, les insultes atroces qu'ils entendaient autour d'eux, et y joindre la chaleur excessive qu'il faisait alors, et les nuages de poussière u'une si grande multitude occasionnait. Les premiers moments passés, et lorsque toute espérance de secours fut perdue, le Roi et la Reine reprirent tout leur courage et se mirent au-dessus de l'affreux malheur qui devait les accabler. Le calme, la douleur, la sérénité même, régnaient également sur leurs visages, dans leurs paroles et dans toutes leurs actions. Leur tranquillité ne fut troublée que par un événement atroce dont ils furent les témoins. Auprès de Sainte-Menehould, un gentilhomme qui avait une terre près de cette ville, nommé M. Duval, comte de Dampierre, trouva le moyen de pénétrer jusqu'à la voiture, et de témoigner aux illustres captifs son respect, son attachement et sa douleur. Ses larmes, qui coulaient en abondance, accompagnaient le peu de paroles qu'il eut le temps de prononcer. Il fut arraché violemment de la portière du carrosse, et massacré sous les yeux du Roi et de sa famille, qui entendirent ses cris et virent son sang répandu.

23 juin

24 juin

Ils arrivèrent à Châlons le second ou troisième jour (1). Dans cette ville, ou un peu avant d'y arriver, ils rencontrèrent trois commissaires de l'Assemblée nationale. Du moment que le Roi avait été arrêté à Varennes, Sausse et Drouet avaient envoyé un courrier porter en diligence cette grande nouvelle à l'Assemblée nationale.

Le courrier arriva dans la soirée du mercredi, au moment où tout le monde et tous les partis, sans savoir précisément de quel côté le Roi avait tourné, commençaient à croire qu'il avait échappé et qu'il était en sûreté.

Malgré la bonne contenance que faisait l'Assemblée, les membres les plus influents du côté gauche songeaient déjà

le départ. Déjeuné à Châlons. Dîné à Epernay. Trouvé les commissaires de l'Assemblée auprès du Pont-à-Binson. Arrivé à onze heures à Dormans ; y soupé. Dormi trois heures dans un fauteuil.

« Vendredi 24 : Départ de Dormans à sept heures et demie ; dîné à la Ferté-sous-Jouarre. Arrivé à dix heures à Meaux. Soupé et couché à l'évêché.

« Samedi 25 : Départ de Meaux à six heures et demie. Arrivé à Paris à huit heures sans s'arrêter.

« Dimanche 26 : Rien du tout ; la messe dans la galerie. Conférence des commissaires à l'Assemblée. »

(1) On a vu, par le *Journal* de Louis XVI, que partis de Varennes, à cinq ou six heures du matin, le mercredi 22, ils arrivèrent à Châlons le soir à dix heures. C'est le lendemain, jeudi 23, qu'après avoir quitté Châlons et traversé Epernay, ils rencontrèrent les commissaires de l'Assemblée.

à tirer parti de cet événement, pour finir la Révolution par un accommodement solide avec le Roi. Ils avaient même déjà été jusqu'à se rapprocher de quelques membres principaux du côté droit, et jusqu'à proposer à MM. de Cazalès et Malouet d'être du nombre de quatre députés qu'ils projetaient d'envoyer au Roi pour traiter avec lui.

La nouvelle de son arrestation détruisit toutes ces mesures; et les jacobins, ainsi que le peuple de Paris, qui se livra, en l'apprenant, à une joie insensée et féroce, ne permirent plus de regarder le Roi sous un autre point de vue que sous celui d'un prisonnier livré sans défense à son vainqueur, et qui n'a plus rien désormais à attendre que de sa politique ou de sa générosité. Sans arrêter encore le sort qui lui était réservé, les chefs de l'Assemblée ne songèrent d'abord qu'à le faire arriver en sûreté à Paris. C'est principalement dans cette vue qu'ils commencèrent par faire nommer trois commissaires de l'Assemblée pour aller le recevoir des mains de ceux qui l'avaient arrêté, et pour l'accompagner jusqu'à Paris, avec pleins pouvoirs pour ordonner ce qu'ils jugeraient convenable dans les circonstances. Le choix des commissaires tomba sur MM. de Latour-Maubourg, Barnave et Pétion. Ils appartenaient aux trois sections qui, à cette époque, divisaient le côté gauche. Le premier, homme de qualité, était un ami et un partisan zélé de M. de la Fayette, adorateur comme lui de la constitution, jusque dans ses défauts; le second, jeune avocat de Grenoble, était du parti qui commençait à sentir que la Révolution avait été trop loin, et qui aurait été charmé de pouvoir la faire rétrograder un peu; il est cependant vrai de dire que Barnave était alors plutôt l'ami de ceux qui avaient cette opinion, qu'il ne l'avait lui-même; le troisième, aussi avocat, était républicain fanatique.

Ils partirent peu d'heures après leur nomination, pour aller à Châlons et se rendre à la rencontre du Roi. Du moment qu'ils l'eurent trouvé, tous les ordres émanaient d'eux.

Madame de Tourzel quitta la voiture du Roi pour aller avec un des commissaires dans celle qui les avait amenés. Les deux autres montèrent dans le carrosse du Roi. La Reine semblait désirer que M. de Latour-Maubourg fût un de ceux-là, parce que, du moins, sa figure ne lui était pas inconnue. M. de Latour, qui s'en aperçut, lui dit en particulier « qu'il n'avait accepté cette triste commission que pour tâcher d'être utile à son Roi; qu'elle pouvait compter sur lui comme sur le plus fidèle de ses sujets; mais qu'il n'en était peut-être pas de même de Barnave, qui était un membre très important dans l'Assemblée par son influence; que sa vanité s'était flattée d'être dans la voiture du Roi; qu'il était important pour le service de Sa Majesté qu'il y fût, et que la Reine aurait une occasion de le connaître plus particulièrement; qu'il la suppliait donc de trouver bon qu'il lui cédât la place qu'elle désirait qu'il prît, et qu'il montât dans l'autre voiture avec madame de Tourzel. »

Les choses furent donc ainsi arrangées. Barnave, qui était assez mince, se mit dans le fond de la voiture, entre le Roi et la Reine; Pétion, sur le devant, entre Mme Élisabeth et la jeune princesse; le Dauphin, sur les genoux de sa mère, de sa tante ou de sa sœur.

L'arrivée de ces nouveaux compagnons de voyage mit d'abord du sérieux et de l'embarras dans la carrossée. La Reine, dans le premier moment, ne se souciait nullement de se lier avec eux; elle prit même le masque de l'humeur, laissa tomber son voile sur son visage, et résolut de ne pas ouvrir la bouche, pendant toute la route, pour adresser la parole aux commissaires. Barnave ne s'écarta pas des égards qu'il devait au Roi et à la Reine, mais il eut même pour eux toutes les attentions respectueuses que les circonstances purent lui permettre; et, loin d'abuser de leur position et de la sienne, son respect et son intérêt semblaient s'accroître à mesure qu'il eut plus d'occasion de les connaître.

Le Roi, de ce premier moment, prit avec lui le ton simple et bon qui faisait le fond de son caractère : il ne parut point embarrassé du rôle nouveau que la fortune avait assigné à lui et aux commissaires; il attaqua, le premier, Barnave de conversation, le mit sur ce qu'il devait mieux savoir, sur la Révolution, sur la Constitution, sur l'Assemblée. L'avis et la façon de penser de Barnave ne pouvaient être les siens. Une petite dispute s'engagea; Barnave la soutint avec la politesse d'un homme de bonne compagnie, et les nuances de respect qu'exigeait la distance des rangs. Le tour que prenait la conversation amena naturellement le départ du Roi de Paris; il s'exprima là-dessus avec la même franchise et la même simplicité, en développant son but, ses intentions, et le désir le plus sincère de chercher tout ce qui pourrait faire le bonheur du royaume, plutôt que le sien propre.

La Reine, malgré l'humeur qu'elle avait et qu'elle prenait

à tâche de montrer, ne perdit rien de cette conversation, à laquelle elle semblait ne vouloir pas prendre part. Elle fut frappée de l'esprit, de la modération et du ton convenable que faisait paraître Barnave : de nouvelles réflexions la déterminèrent à abandonner sa première résolution. Elle crut qu'il serait utile, pour les circonstances, d'accroître l'intérêt que Barnave semblait prendre à leur malheur, et de confirmer, d'augmenter même l'opinion que cette première conversation paraissait lui donner des lumières, de la bonté et de la candeur du Roi. Peu à peu elle se mêla à leur entretien; elle y mit cette grâce, ce charme, cette présence d'esprit et cette aisance que personne n'a su mieux qu'elle mêler avec cette espèce de fierté majestueuse qui convenait à son rang et à sa naissance. Cet entretien augmenta, dans Barnave, le sentiment de respect et d'intérêt pour le Roi et la Reine, et changea les idées fausses qu'il s'était faites de leur caractère, n'ayant guère pu les connaître jusque-là que par ce que la méchanceté et l'esprit de parti en avaient publié. C'est de là qu'il faut dater l'espèce de confiance que la Reine a toujours eue depuis en Barnave.

Pétion, qui avait moins de tact, moins d'esprit, et bien plus d'exaltation que Barnave, n'imita pas sa conduite dans la voiture du Roi. Quoique né d'un caractère assez doux, et même sensible, à ce qu'en ont dit ses amis, il y porta la grossièreté, l'insolence et la dureté de ce qu'on a appelé ensuite un *sans-culotte*, qu'il prenait sans doute alors pour la liberté et la franchise républicaines. « Pour « moi, je n'aime que la République, » furent les seules paroles qu'il sut dire et répéter, lorsque la conversation générale tourna sur la politique et le gouvernement. Jamais il ne lui échappa la plus légère marque d'intérêt pour les malheurs de ses compagnons de voyage ; pas même de ces simples politesses qu'un homme qui a reçu quelque éducation se fait un devoir de rendre à des femmes de bonne compagnie.

J'ai dit qu'il était sur le devant du carrosse, entre Mme Élisabeth et Mme Royale. Quoiqu'il ne pût pas ignorer la haute vertu et l'extrême piété de la première, il se permit de lui adresser quelquefois des propos équivoques qui eussent été déplacés dans une personne ordinaire, mais bien élevée. Mme Elisabeth fit semblant de ne pas les entendre, et n'y opposa que le silence et le mépris. Afin de ne plus revenir sur cet odieux personnage, je finirai par un trait qui prouve jusqu'à quel point il poussa la familiarité et le défaut d'éducation. Il y avait dans la voiture une carafe d'eau avec un verre, qui se trouvaient placés près de Mme Elisabeth. Il arriva que Pétion eut soif : sans excuses, et sans ces formes de politesse usitées même entre égaux, il demanda brusquement le verre à Mme Élisabeth, et se fit verser l'eau par elle, sans se donner seulement la peine de la remercier. Jusqu'à l'arrivée des commissaires, toutes les fois qu'on s'était arrêté pour dîner ou pour souper, le Roi et la famille royale avaient mangé seuls ; leurs gardes restaient, ou dans la pièce où ils étaient, ou à la porte. Dans la première auberge où l'on s'arrêta après que les commissaires les eurent joints, le Roi et la Reine remarquèrent que l'on n'avait rien changé à l'ordre précédent, et qu'il n'y avait que le nombre ordinaire de couverts pour la famille royale. Ils crurent devoir engager les commissaires à se mettre à table avec eux. MM. de Latour-Maubourg et Barnave s'en défendirent longtemps par respect : j'ai même ouï dire que Barnave insista pour que le Roi lui permît de le servir derrière son fauteuil. Il céda cependant à la fin aux invitations réitérées du Roi et de la Reine ; et, jusqu'à la fin du voyage, les trois commissaires mangèrent constamment avec le Roi.

Il n'y eut rien de remarquable pendant le reste de la route, sinon une occasion dans laquelle la Reine eut lieu d'être satisfaite de la conduite de Barnave. Entre Châlons et Meaux, un malheureux prêtre voulut s'approcher de la voiture du Roi : il en était assez près, lorsque les gardes nationales se jetèrent avec fureur sur lui, et l'entraînèrent pour l'égorger à quelque distance. La Reine, qui par hasard regardait de côté-là, fit un cri, et pria Barnave de sauver la vie à ce malheureux. Barnave s'élance de la voiture comme un trait, arrache le prêtre des mains de ces furieux, et, après l'avoir mis en sûreté et en liberté, revint prendre sa place.

24 juin   Le cinquième jour (1), le cortège arriva à Meaux. Un fort détachement de la garde de Paris attendait le Roi dans cette ville, pour le ramener dans la capitale. Soit que ce fût la marche toute naturelle, soit que les choses eussent été arrangées de manière que le Roi et toute sa famille, ramenés prisonniers, pussent servir de spectacle à tous les habitants de cette immense cité, ils arrivèrent à Paris au

(1) Le quatrième jour, vendredi 24 juin.

[18]

milieu du jour (1). On fit passer Sa Majesté par la grande avenue des Champs-Elysées, sans doute pour donner plus de solennité à ce triste spectacle ; car le cortège aurait dû arriver par le faubourg Saint-Martin. Pour gagner la route de Normandie, on avait allongé le trajet de plus d'une lieue. Il faisait une chaleur dévorante : une poussière enflammée, qu'occasionnait la marche d'un si grand nombre de personnes, couvrait l'atmosphère ; la voiture du Roi paraissait comme au milieu d'une forêt de baïonnettes ; l'armée d'escorte était commandée par M. Dumas, militaire connu, qui depuis a joué un rôle remarquable. On fit entrer le cortège par le pont-tournant dans le jardin des Tuileries, qui était resté ouvert à tout le monde. Des ordres sévères avaient été donnés pour que le Roi rencontrât partout sur son passage un silence morne et lugubre. La garde nationale, qui bordait le boulevard, avait le fusil renversé, comme dans un jour de deuil. Le peuple, qui était derrière, restait muet, le chapeau sur la tête. On avait affiché dans plusieurs endroits : « Celui qui applaudira le « Roi aura des coups de bâton ; celui qui l'insultera sera « pendu. » Tel était le renversement de toutes les idées, que cette proclamation grossière était regardée comme un acte de magnanimité. Au surplus, si cette espèce de plébiscite fut obéi pendant la traversée de Paris, sur le boulevard (2), on l'oublia complètement lorsque le cortège approcha du château des Tuileries. Alors les imprécations, les injures, les menaces les plus atroces, retentirent de toutes parts. La Reine surtout parut être l'objet de la fureur populaire. Sans la garde nationale, elle, les trois gardes du corps, et peut-être le Roi, en auraient été probablement les victimes avant de pouvoir entrer au château (3). Cette garde même était assez peu rassurante, soit parce que beaucoup de ceux qui la composaient partageaient les idées de la populace, soit parce qu'elle avait prouvé, en

(1) Le cinquième jour, samedi 25 juin.

(2) Le cortège ne passa pas sur le boulevard. Au lieu de pénétrer dans Paris, en traversant Saint-Denis, il contourna la capitale, et entra par la porte de la Conférence, située en haut des Champs-Elysées.

(3) Les menaces ne s'adressaient qu'aux gardes du corps. A un moment, la foule les menaça de les arracher du siège où ils étaient ainsi en évidence. Impuissants à se défendre, ces braves gens sautèrent à bas de la voiture, et se livrèrent à leurs agresseurs, voulant épargner à la famille royale la douleur de les voir égorger sous ses yeux.

La reine éperdue s'écria: « Monsieur de La Fayette, sauvez les gardes du corps ! »

Quelques députés qui se trouvaient là s'interposèrent et sauvèrent la vie de ces trois gentilshommes.

[19]

plusieurs occasions, qu'elle ne savait pas résister. Quoique la Reine ne se dissimulât pas ses propres dangers, elle ne montra pas la plus petite altération, et elle ne fut occupée que de ceux du Roi et des trois malheureux gardes du corps placés sur le siège.

En approchant du château, elle recommanda vivement le sort de ces derniers à Barnave. Il lui promit qu'il périrait plutôt que de souffrir qu'il leur arrivât du mal ; et, en effet, il tint parole. C'est à lui seul que ces trois fidèles serviteurs durent de n'être pas les victimes de la rage populaire à laquelle ils faillirent être livrés, lorsque la voiture du Roi fut arrêtée auprès des trois marches de la longue et large terrasse qui sépare le château des Tuileries du jardin. M. de La Fayette et toute sa garde n'étaient occupés qu'à arrêter de tous côtés les flots du peuple, et à protéger le court, mais effrayant trajet, qu'avait à faire le Roi et sa famille pour gagner la grande porte du château. Les trois gardes du corps restaient attachés sur le siège, presque sans protection ; la populace demandait leurs têtes avec fureur : ce fut Barnave qui s'occupa de leur sort, et qui les fit conduire en sûreté au château, pour y attendre ce que l'Assemblée ordonnerait d'eux.

La Reine exigea que le Roi et ses enfants descendissent les premiers ; elle ne voulut sortir que la dernière. M. de La Fayette était parvenu à former, des deux côtés, une double haie de gardes nationales, depuis la portière jusqu'à la porte du château. Le Roi, sa sœur, sa fille et le Dauphin portés sur leurs bras, la traversèrent assez en sûreté et fort rapidement. Lorsque la Reine voulut descendre de la voiture, le vicomte de Noailles et le duc d'Aiguillon se présentèrent pour la recevoir, et lui donnèrent la main : la présence de ces messieurs, dans une pareille circonstance, n'était pas rassurante ; outre la part qu'ils avaient prise à la révolution, la Reine n'ignorait pas qu'elle était l'objet de leur haine personnelle. Sa première pensée fut qu'ils étaient là pour la livrer au peuple, ou du moins pour la conduire dans une prison séparée : elle y fut confirmée lorsqu'elle se sentit enlevée par eux, et conduite, aussi presque en courant, du côté du château. Ils ne lui dirent pas un mot pendant tout ce temps-là ; elle n'entendit que les imprécations horribles que vomissait contre elle la populace que ce spectacle avait rassemblée. Leur intention cependant, loin d'être mauvaise, leur fait honneur. L'Assemblée, quoique prévenue de l'arrivée du Roi, avait cru de sa

RENTRÉE DE LA FAMILLE ROYALE A PARIS

Dessin de Prieur, gravé par Berthault

dignité de paraître s'occuper peu de ce grand événement. Elle daigna cependant envoyer une députation de ses membres pour protéger l'arrivée du Roi dans son palais. MM. d'Aiguillon, de Noailles et quelques autres, soit curiosité, soit désir d'écarter le danger dont ils prévoyaient que la vie du Roi et de la Reine pouvait être menacée à leur débarquement, allèrent les attendre sur la terrasse. La popularité dont leurs opinions connues les faisaient jouir leur permit de pénétrer, et ils pensèrent sans doute qu'elle pourrait les mettre à portée d'être plus utiles que d'autres. Lorsqu'ils eurent mis la Reine en sûreté dans le château, ils prirent congé d'elle. Là, il lui survint une autre inquiétude, l'une des plus déchirantes qu'elle eût éprouvées jusque-là : arrivée chez le Roi, elle n'aperçut pas son fils; elle fut assez longtemps avant d'en avoir des nouvelles et de le revoir : elle eut le tourment de craindre qu'il n'eût été étouffé dans la bagarre, ou qu'on eût la barbarie de le séparer d'elle. Il paraît tout simplement qu'on l'avait porté à son appartement pour le faire reposer, car il lui fut rendu dans la journée.

Pendant ce temps-là, l'Assemblée délibérait sur ce qu'elle avait à faire dans les circonstances. Dès le matin, elle avait rendu un décret, dont le premier article était ainsi conçu :

« Aussitôt que le Roi sera arrivé au château des Tuileries, il lui sera donné provisoirement une garde qui, sous les ordres du commandant général de la garde parisienne, veillera à sa sûreté et répondra de sa personne. »

Deux autres articles avaient décrété de même « une garde particulière pour l'héritier présomptif de la couronne, et une pour la Reine ».

Le quatrième avait ordonné que « tous ceux qui avaient accompagné la famille royale dans sa fuite seraient mis en état d'arrestation et interrogés »; que « le Roi et la Reine seraient entendus dans leurs déclarations, et le tout sans délai, pour être pris par l'Assemblée les résolutions qui seraient jugées nécessaires. »

Par les cinquième et sixième articles, « le Roi avait été suspendu provisoirement des fonctions de la royauté ». Enfin, le septième et dernier article avait enjoint au ministre de l'Intérieur de « faire publier ce décret à l'instant même, à son de trompe, dans tous les quartiers de la capitale ».

Cette *responsabilité* publiée avec tant d'éclat, cette responsabilité qui ne se bornait plus au seul commandant, mais qui était étendue, par un décret, sur *toute la garde particu-*

liére, fit perdre la tête aux trois quarts de la milice parisienne qui devait former cette garde, et même à la plus saine partie de cette milice, officiers et soldats. Ils avaient vu tout à l'heure M. de La Fayette, entouré sur la place de l'hôtel de ville, et la fatale lanterne descendue pour lui; ils lui déclarèrent « qu'ils ne veulent pas courir le même risque que lui ».

M. de Gouvion lui-même, commandant en second de la garde nationale, sur lequel le Roi et la Reine croyaient avoir beaucoup plus d'ascendant que M. de La Fayette, M. de Gouvion déclara « qu'il ne continuera pas son service aux Tuileries, si on ne le laisse pas le maître absolu d'employer toutes les précautions qu'il voudra, et notamment de faire murer plusieurs portes de l'intérieur. » Le Roi y consentit pour conserver M. de Gouvion.

Chaque jour on voyait arriver dans le château des députations de sections soupçonneuses, qui voulaient s'assurer elles-mêmes des précautions prises. Dans le même instant où l'on réveillait le Roi et la Reine pour vérifier s'ils ne s'étaient pas enfuis, on réveillait M. de La Fayette pour l'informer que le Roi et la Reine s'enfuyaient. Enfin, l'on sait tout ce que le peuple avait rêvé de projets de complots et d'évasions avant le voyage de Varennes; qu'on juge ce que ce devait être après, et combien les méchants avaient beau jeu pour séduire les faibles!

Voici les précautions inouïes qui furent le fruit de cette fermentation générale, et qui semblaient calculées, non seulement pour prévenir tous les moyens de fuite, mais encore pour faire sentir à ces illustres captifs toute l'horreur de leur prison.

Une nombreuse garde fut établie dans les cours; un vrai camp dans les jardins, avec des tentes et tout ce qui est nécessaire pour faire camper des soldats. Le jardin fut hermétiquement fermé au public et même aux députés de l'Assemblée, M. de La Fayette prétendant qu'il ne pouvait exclure les sections, dont les irruptions seraient terribles, qu'en excluant les députés, dont les visites seraient inutiles. L'entrée du château fut interdite à tout ce qui n'était pas du service indispensable; ceux même qui en faisaient partie étaient fouillés en entrant et en sortant. Des sentinelles furent établies jusque sur les toits; mais tout cela n'était rien en comparaison de la surveillance intérieure. Voici comme elle était exercée chez la Reine : les pièces extérieures de son appartement étaient autant de corps de garde ; à côté de sa chambre était une garde-robe si obscure, qu'en tout temps il fallait l'éclairer par des bougies : elle était précédée d'un petit carré qui aboutissait à un escalier dérobé, séparé de son unique garde-robe par une simple porte vitrée. Deux gardes restaient continuellement dans sa chambre à coucher, pièce où elle se tenait toujours, avec ordre de ne la perdre de vue ni jour ni nuit. Ces gardes étaient, à la vérité, des gardes nationales ; mais on sait de quelle espèce étaient la plupart.

Dans les premiers jours, la Reine était obligée de se coucher, de se lever et de s'habiller devant ses gardes ; ils passaient, à la lettre, les nuits dans sa chambre. Ensuite, soit que M. de La Fayette sentît de lui-même l'indécence de ces ordres, ou qu'il eût, en effet, travaillé à calmer les têtes de sa garde, soit que le Roi lui en eût parlé, il adoucit la sévérité de ses dispositions ; mais voici comment. Les gardes restaient dans la chambre de la Reine tant qu'elle était levée ; mais lorsqu'elle jugeait à propos de se coucher, et pour tout le temps qu'elle restait dans son lit, les gardes se retiraient. Alors l'un d'eux s'établissait dans cette espèce de tambour que formaient les deux portes de la chambre dans l'épaisseur du mur, de manière cependant que la porte qui donnait dans la chambre restant toujours entr'ouverte, il pût voir ce qui se passait. Ce tempérament était un peu moins choquant ; mais il ne mettait pas la Reine à l'abri de la familiarité insultante de ses gardes. Un jour qu'étant couchée elle ne pouvait pas dormir, elle alluma une bougie à une lampe de nuit qui était à côté d'elle, et se mit à lire. Son garde, qui s'en aperçut, entre dans la chambre, ouvre les rideaux, et s'assied familièrement sur son lit, en lui disant : « Je vois que vous ne pouvez pas dormir : causons ensemble, cela vous vaudra mieux que de lire. » La Reine contint son indignation, et lui fit comprendre avec douceur qu'il devait la laisser tranquille. Résignée à son sort et déterminée à dissimuler jusqu'à la fin, elle ne daigna ni se plaindre de cette sévérité outrée et humiliante, ni la reprocher à M. de La Fayette. Elle le voyait assez souvent. Il affectait même de venir chez elle plus souvent que les circonstances ne l'exigeaient. La Reine était polie avec lui, quoique froide : elle lui parlait non seulement sans aigreur, mais même toujours avec aisance, de choses indifférentes, ou de ce qui intéressait le Roi.

Malgré la vigilance dont ils étaient assaillis, le Roi et la Reine trouvèrent les moyens d'entretenir des correspondances qui les tinrent toujours au courant de ce qui se passait relativement à eux : l'affaire de leur fuite prit, peu de jours après le retour à Paris, un tour plus heureux qu'on n'aurait osé l'espérer de la fermentation des esprits et des dispositions que l'Assemblée avait montrées jusque-là à pousser les avantages qu'elle avait sur le Roi aussi loin qu'ils pourraient aller. Ce morceau d'histoire, qui doit être très piquant, s'il est écrit par quelqu'un bien instruit, n'entre pas dans mon dessein. Je terminerai le récit du voyage de Varennes en disant que, malgré les clameurs des Jacobins et la conduite presque entièrement passive du côté droit, les meneurs de la majorité du côté gauche finirent cette grande affaire aussi promptement et aussi habilement que les circonstances pouvaient le leur permettre : ils virent clairement que le but des Jacobins était de profiter de cette occasion, non seulement pour perdre le Roi, mais encore pour détruire la royauté, et établir la franche République sur ses ruines; ils en furent effrayés : et, pour éviter cet abîme, ils tournèrent court à ce qu'ils appelaient le parti de l'indulgence. En conséquence, ils firent faire un rapport par leurs comités, dont le sens fut que le Roi n'était point coupable pour avoir voulu s'enfuir, et que, quand il le serait, il ne pouvait être mis en jugement, à raison de son inviolabilité : que, dès que la Constitution serait totalement achevée (alors elle tirait à sa fin), il fallait la lui faire accepter, et le mettre en possession effective de toutes les prérogatives du pouvoir exécutif : que le seul coupable de la fuite du Roi était M. de Bouillé, qui en paraissait être le principal agent, comme il l'avouait lui-même dans la fameuse lettre qu'il avait écrite à l'Assemblée après sa sortie de France; que M. de Choiseul, qui l'avait secondé, et M. de Goguelat seraient envoyés à Orléans, pour y être jugés par la Haute-Cour nationale; que M. de Damas resterait en arrestation à Paris; que, quant aux gardes du corps qui avaient accompagné le Roi, on ne pouvait leur imputer à crime leur obéissance à ses ordres, et qu'en conséquence ils seraient mis en liberté. MM. de Choiseul et de Goguelat furent transférés à Orléans, et y subirent quelques interrogatoires : mais leur affaire fut exprès traînée en longueur jusqu'à l'acceptation de la Constitution.

On saisit cette occasion pour proclamer une amnistie générale de tous les délits révolutionnaires; en conséquence de laquelle ces deux messieurs eurent la liberté avec tous les autres prisonniers.

Le Gérant : Henri GAUTIER

1584. — Imp. de Vaugirard, G. de Malherbe, Dir., 152, r. de Vaugirard. — Car. et vig. Doublet.

Récits des Grands Jours de l'Histoire

(Voir à la page 2 de la couverture les conditions de vente)

VOLUMES EN VENTE *(Suite)*

Autorelieur Gorrilliot

POUR RÉUNIR SOI-MÊME EN VOLUMES LES FASCICULES DES

Récits des Grands Jours de l'Histoire

Prix : 2 Francs

Le nouveau système d'autorelieur que nous avons fait fabriquer pour nos lecteurs, se recommande par sa simplicité et son mode aisé d'emploi. Grâce à lui, la personne la moins habituée aux travaux manuels, un enfant même, pourra réunir en volume les numéros de notre publication.

Nos autorelieurs sont fabriqués pour treize numéros. Il en faudra donc quatre pour une année. Ils sont très élégants, ornés d'une composition de l'habile dessinateur Fraipont, bien en rapport avec le caractère de la publication. Une fois remplis, ils formeront de véritables volumes de luxe, qui mériteront de figurer en bonne place sur la table du salon ou les rayons de la bibliothèque.

Le prix de l'autorelieur est de **2 francs**. On le recevra *franco à domicile*, en ajoutant **0 fr. 30** par autorelieur. Pour les demandes d'au moins 3 autorelieurs, nous emploierons le colis postal. Le prix du port, quel que soit le nombre, sera donc de **0 fr. 85**.

Indiquer à quels numéros on destine les autorelieurs demandés, afin de recevoir les titre et table correspondants.

Dans chaque autorelieur, on trouvera une notice indiquant, d'une manière très claire, comment on peut relier soi-même ses fascicules.

Adresser toutes les demandes, accompagnées du montant en mandat-poste, timbres français ou valeur sur Paris, à M. HENRI GAUTIER, éditeur, 55, quai des Grands-Augustins, Paris.

Pour paraître la Semaine prochaine

Tibérius Gracchus

par MOMMSEN

TRADUCTION NOUVELLE DE L. BENOIST-LUCY

Nos lecteurs ont lu récemment l'aventure de Babeuf, cet agitateur qui se réclamait des Gracques, et qui, pour en imposer à la foule ignorante et grossière s'était affublé du prénom de Gracchus. Dans notre prochain numéro, ils trouveront le récit de la révolution que le vrai Gracchus tenta dans l'année 622 de la fondation de Rome.

L'histoire se renouvelle ainsi de siècle en siècle, et la cause de ces mouvements populaires est l'éternelle misère de la foule, exploitée par l'éternelle ambition de quelques-uns. La société se défend et triomphe, mais non sans violence, et la liste des victimes s'accroît de quelques noms.

L'extrait que nous donnons est emprunté au remarquable ouvrage de M. Théodore Mommsen, à son *Histoire Romaine*, qui est le meilleur titre de cet érudit à la célébrité. La traduction, exacte et fidèle, est de M. L. Benoist-Lucy.

EN PRÉPARATION :

N° 45 — Tibérius Gracchus, par Mommsen. Traduction nouvelle de L. Benoist-Lucy.

N° 46 — La Conciergerie pendant la Terreur, par P.-J.-B. Nougaret.

N° 47 — Les Journées d'octobre (5 et 6 octobre 1789), par Weber.

N° 48 — Le 18 fructidor (4 septembre 1797), d'après les mémoires de Barbé-Marbois, Barras, Hyde de Neuville, etc...

Abonnement :

On s'abonne aux CINQUANTE-DEUX volumes d'une année
des Récits des Grands Jours de l'Histoire
Les abonnés recevront régulièrement un volume chaque samedi.

PRIX DE L'ABONNEMENT D'UN AN :

France, Belgique et Algérie	Étranger et Colonies
Neuf francs	sauf la Belgique et l'Algérie **Onze francs**

Adresser les Demandes, accompagnées du montant en mandat-poste, timbres français ou valeur sur Paris, à M. HENRI GAUTIER, éditeur, 55, quai des Grands-Augustins, Paris.

1584 — S. An. de l'Imp. de Vaugirard, G. de M., 152, rue de Vaugirard.— Car. et vig. Doublet.

www.ingramcontent.com/pod-product-compliance
Ingram Content Group UK Ltd.
Pitfield, Milton Keynes, MK11 3LW, UK
UKHW021042220726
13924UKWH00001B/475